La musique

QuébecAmérique

Projet dirigé par Marie-Anne Legault, éditrice

Recherche et conception : Joliane Roy
Rédaction : Sybille Pluvinage
Conception graphique et mise en pages : Marylène Plante-Germain
Illustration : Valérie Desrochers, Marthe Boisjoly et Anouk Noël
Révision linguistique : Sabrina Raymond
Conseillère pédagogique : Anne Gucciardi
Expert-consultant : Pierre Drainville, enseignant de musique

Québec Amérique
7240, rue Saint-Hubert
Montréal (Québec) Canada H2R 2N1
Téléphone : 514 499-3000, télécopieur : 514 499-3010

Nous reconnaissons l'aide financière du gouvernement du Canada.

Nous remercions le Conseil des arts du Canada de son soutien.
We acknowledge the support of the Canada Council for the Arts.

Nous tenons également à remercier la SODEC pour son appui financier.
Gouvernement du Québec – Programme de crédit d'impôt pour l'édition
de livres – Gestion SODEC.

**Catalogage avant publication de Bibliothèque et Archives
nationales du Québec et Bibliothèque et Archives Canada**

Titre : La musique.
Autres titres : Musique (2022)
Description : Mention de collection : Sa[voir]
Identifiants : Canadiana (livre imprimé) 20220001081 |
Canadiana (livre numérique) 2022000109X | ISBN 9782764446225 |
ISBN 9782764446232 (PDF)
Vedettes-matière : RVM : Musique—Ouvrages pour la jeunesse. |
RVMGF : Albums documentaires.
Classification : LCC ML3928.M878 2022 | CDD j780—dc23

Dépôt légal, Bibliothèque et Archives nationales du Québec, 2022
Dépôt légal, Bibliothèque et Archives du Canada, 2022

Crédits photo

p. 6 : sirtravelalot - 1787278265 / shutterstock.com

p. 7 : didesign021 - 1303837582 / shutterstock.com

p. 10 : Vladimir Wrangel - 1354467 / shutterstock.com

p. 11 : alphabe - 1837179655 / shutterstock.com

p. 13 : Aleppo-Musico Band, auteur inconnu, 1915 /
en.wikipedia.org, Vigen M - 643768078 /
shutterstock.com

p. 14 : Eko Setyawan - 1516520714 / shutterstock.com,
shupian - 50758915 / shutterstock.com

p. 15 : ChameleonsEye - 1064215919 / shutterstock.com,
Maori War Dance, J. White, *The Ancient History of
the Maori*, 6 volumes, 1887-1891 / en.wikipedia.org

p. 16 : Bill Perry - 8593369 / shutterstock.com, Fotos593
- 490285093 / shutterstock.com

p. 17 : Ron Zmiri - 61677049 / shutterstock.com, Scharfsinn
- 1444003685 / shutterstock.com

p. 18 : Altrendo Images - 1587822010 / shutterstock.com

p. 19 : Hymne de Saint Jean Baptiste, origine des notes de
la gamme moderne, MicheletB, 26 décembre 2006 /
fr.wikipedia.org

p. 21 : Claudio Monteverdi (1567-1643), Bernado Strozzi,
vers 1640 / fr.wikipedia.org, Portrait probable de
Vivaldi (peintre inconnu, museo Bibliografico
Musicale, Bologne) / fr.wikipedia.org, Portrait de
Johann Sebastian Bach, Elias Gottlob Haussmann,
1748 / fr.wikipedia.org

p. 22 : Mozart enfant (huile anonyme, 1763) / fr.wikipedia.org,
Ludwig van Beethoven travaillant à la Missa solemnis
(portrait par Joseph Karl Stieler, 1820) /
en.wikipedia.org, Piotr Ilitch Tchaïkovski (portrait
peint par Nikolaï Dmitrievitch Kouznetsov, 1893) /
de.wikipedia.org

p. 23 : Dja65 - 31697947 / shutterstock.com

p. 26 : Elvis Presley en 1957, Metro-Goldwyn-Mayer, Inc.
(Reproduction Number: LC-USZ6-2067, Location :
NYWTS -- BIOG, 1957) / en.wikipedia.org, Les
Beatles en Amérique, United Press International,
7 février 1964 / en.wikipedia.org

p. 27 : Zahorska Tetiana - 1481059082 / shutterstock.com

p. 28 : Nomad_Soul - 1425162128 / shutterstock.com

Ligne du temps : ErosHahhka - 1149199595 / shutterstock.
com, Les Perysty - 192763682 / shutterstock.com,
Rayyy - 1656890335 / shutterstock.com,
Les Perysty - 1866936835 / shutterstock.com,
Les Perysty - 1881051142 / shutterstock.com,
VectorsMarket - 362693330 / shutterstock.com

AUTOUR DU MONDE, c'est un voyage qui te fait découvrir les multiples facettes des peuples et des pays du monde.

LA MUSIQUE rythme la vie des humains, où qu'ils soient sur la planète, depuis la préhistoire. Elle nous accompagne tout au long de notre vie : des premières berceuses aux chansons d'anniversaire ou de fêtes, sans oublier les musiques de nos premiers amours ou de nos vacances. Nous sommes constamment nourris par la musique.

Mais pourquoi la musique existe-t-elle ?
À quoi sert-elle ?

Chaque fois que tu vois un mot en orange, c'est que sa définition se trouve dans le glossaire à la dernière page !

Table des matières

Je suis une danse dont les origines seraient associées à la morsure d'une araignée. Que suis-je ? *

Ligne du temps

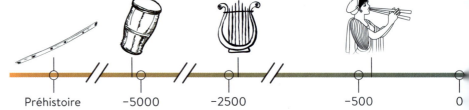

Années   Préhistoire   −5000   −2500   −500   0

J'ai composé l'une des plus grandes œuvres musicales de tous les temps, alors que j'étais sourd ! Qui suis-je ? *

Je réunis en un seul instrument plusieurs percussions du monde. Que suis-je ? *

* Tu trouveras les réponses dans ce livre.

500   1000   1500   2000

Mais encore, c'est quoi *la musique* ?

La musique, c'est l'art de s'exprimer avec des sons qui sont **rythmés** ou harmonieux. Cette combinaison de sons nous fait vibrer et suscite en nous une multitude d'**émotions**. On dit que la musique est « universelle », c'est-à-dire qu'elle est présente dans presque toutes les sociétés, à toutes les époques, et qu'elle occupe une place centrale dans la vie des humains : elle accompagne les événements religieux, anime les fêtes et stimule le travail ainsi que l'apprentissage.

L'ORIGINE DU MOT « MUSIQUE »

Le terme « musique » vient du grec « *mousikê* » qui signifie « art des muses ». Dans la mythologie grecque, les **muses** sont représentées par neuf jeunes femmes, considérées comme des déesses. Les muses sont les gardiennes de divers domaines de la culture comme la danse (Terpsichore), la musique (Euterpe) ou la poésie (Érato).

Terpsichore, Euterpe et Érato sont trois des neuf muses.

Les bienfaits de la musique

Écouter de la musique, c'est bon pour le **moral**, mais aussi pour la **santé** ! En plus de la sensation de bien-être qu'elle nous procure, la musique peut aider à réduire l'anxiété, la douleur, la fatigue, la mauvaise humeur...

Ce n'est pas tout ! Elle nous motive quand on fait du sport, favorise la mémoire et nous aide à mieux nous concentrer au travail.

Savais-tu que faire écouter de la musique aux vaches peut stimuler la production de lait ? Mais attention, pas n'importe laquelle ! Les vaches aiment particulièrement la musique douce et relaxante...

LA MUSICOTHÉRAPIE

En se servant des bienfaits de la musique, des professionnels de la santé parviennent à aider des personnes malades ou qui vivent avec un handicap. C'est ce qu'on appelle la « musicothérapie ». Par exemple, certaines personnes qui ont perdu la mémoire arrivent à retrouver des souvenirs grâce à la musicothérapie. D'autres qui ont des difficultés pour marcher améliorent leurs mouvements par la chanson et la danse.

Les familles d'instruments

Les percussions

Les instruments à percussion se jouent en les secouant, en les frottant ou en les frappant, que ce soit avec les mains ou des baguettes. Les percussions sont parmi les premiers instruments qui ont été inventés, sans doute en raison de leur simplicité. Il suffit de frapper deux morceaux de bois ensemble pour créer un **rythme**. Les percussions se retrouvent dans tous les genres musicaux, depuis la musique traditionnelle, qui résonne souvent au son des **tambours**, jusqu'au rock'n'roll, avec sa tonitruante batterie.

triangle

clochettes

bongo

Les instruments à cordes

Un instrument à cordes produit des sons grâce à une ou plusieurs cordes. Il y a celles que l'on pince, comme lorsqu'on joue de la guitare, et il y a celles que l'on frotte avec un **archet**, comme au violon.

violon

guitare

Le piano est un **instrument à cordes frappées**, car le son qu'il émet est produit par des marteaux qui frappent des cordes.

piano

Les instruments à vent

Cette immense famille d'instruments de musique produit du son grâce au souffle. Parmi ces instruments, il y a la trompette, la flûte et... la voix ! En effet, un chanteur ou une chanteuse fait vibrer « son instrument », c'est-à-dire ses **cordes vocales**, avec l'air provenant de ses poumons. L'accordéon et l'**orgue** font partie des instruments à vent. Toutefois, le mouvement de l'air n'est pas créé par le souffle d'une personne, mais par un **soufflet** intégré à l'instrument.

accordéon

flûte

trompette

Sur la côte de Zadar, en Croatie, on trouve un orgue... marin ! Lorsque les vagues percutent ses tuyaux, l'eau pénètre dans les tubes en y expulsant l'air. Des sons mélodieux sont ainsi produits, au hasard.

TROMPETTES DE GUERRE

En 1922, deux magnifiques trompettes vieilles de 3 000 ans sont découvertes en Égypte dans le tombeau du pharaon Toutânkhamon. On pense que les Égyptiens utilisaient ces trompettes en temps de guerre. Cette découverte a donné naissance à une légende : quiconque souffle dans l'un de ces instruments anciens risque de déclencher une guerre... Hasard ou pas, un musicien s'y est risqué en 1939 et la Seconde Guerre mondiale a éclaté peu après !

Les débuts de la musique

Un peu d'histoire

Déjà, les humains de la **préhistoire** cherchaient à imiter les sons qui les entouraient, comme les sifflements des oiseaux ou le bruit de la pluie. On imagine que les premières **mélodies** ont été créées tout simplement en chantant, mais aussi en tapant des mains et des pieds. L'humain préhistorique se servait également de ce qu'il trouvait dans la nature pour créer des instruments : roseaux, os creux, ivoires de mammouth, coquillages, etc.

La musique au temps des **premières civilisations** est peu connue, car il n'existe de cette période aucun enregistrement sonore et aucune **partition** musicale. Toutefois, des peintures, des sculptures, des poteries et des vestiges d'instruments de musique ont été découverts lors de fouilles archéologiques. Ces traces du passé nous indiquent que la musique rythmait les événements comme les banquets, les mariages et les funérailles.

Des morceaux de flûtes vieilles de plus de 35 000 ans ont été découverts dans des grottes du sud de l'Allemagne. Ces flûtes faites d'os ou d'ivoire troué sont parmi les plus vieux instruments de musique du monde !

La harpe était de loin l'instrument préféré de l'Égypte des pharaons. Elle était considérée comme un instrument sacré qui permettait aux prêtres et aux prêtresses de communiquer avec les dieux.

Dans les années 1950, des archéologues font une incroyable découverte en fouillant l'ancienne cité d'Ougarit (dans l'actuelle Syrie). Ils trouvent une **tablette en argile** vieille de 3 400 ans, sur laquelle sont gravés un texte et des instructions musicales. Nommée « hymne à Nikkal » en l'honneur d'une déesse, cette chanson millénaire serait la plus ancienne connue !

Une **légende chinoise** très ancienne raconte que l'empereur Huangdi aurait inventé plusieurs notes de musique. Comment ? En faisant confectionner des flûtes dans des tiges de bambou spécialement coupées dans le but d'imiter, à la perfection, le chant d'oiseaux fabuleux.

LA MUSIQUE EN GRÈCE ANCIENNE

Pour les Grecs de l'Antiquité, la musique était plus importante que la poésie, la danse et même la médecine. Les musiciens jouaient divers instruments, comme la flûte de Pan et la lyre, mais appréciaient particulièrement l'**aulos**, un instrument à vent. Souvent, les Grecs jouaient de deux aulos en même temps !

Un tour du monde musical

La musique est présente partout à travers le monde. Chaque culture possède ses propres traditions musicales, qui se perpétuent de génération en génération. Il existe tellement de musiques qu'un seul livre ne pourrait pas toutes les présenter ! Voici donc un aperçu, par continent.

djembé

Les musiques d'Afrique

Le continent africain déploie une grande diversité de cultures. Pour cette raison, les traditions musicales y sont variées. Celles-ci comportent toutefois certains points en commun. Ainsi, elles accordent souvent une place importante aux instruments à percussion et aux **rythmes** rapides, ce qui incite à danser.

Bon nombre d'instruments à percussion, comme le **djembé** ou le **balafon**, sont originaires d'Afrique. Les instruments à cordes y sont également nombreux. Le plus célèbre est la **kora**.

Originaire du Mali, la kora a 21 cordes et se joue assis ou debout. Selon la légende, la première kora a été fabriquée par une femme-génie qui vivait dans une grotte. Elle prédisait l'avenir en chantant et en jouant de son instrument.

kora

Le balafon est un instrument africain proche du xylophone.

Les musiques du Moyen-Orient

Dans les musiques du Moyen-Orient, les instruments à cordes occupent une place centrale. Le plus populaire est l'**oud**, un instrument très ancien en forme de poire. L'oud n'avait que quelques cordes à l'origine, mais il en est aujourd'hui muni d'une dizaine ou d'une douzaine, disposées par paires.

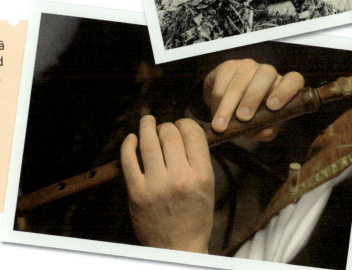

Cette photo prise autour de 1915 montre un joueur d'oud à Alep, en Syrie.

Le **duduk** est un vieil instrument à vent originaire d'Arménie. On entend souvent deux duduks à la fois, joués par deux musiciens : tandis que le premier crée un fond musical continu (sans pause) grâce à une technique spéciale de respiration, le second joue les **mélodies**. Le son du duduk est très doux, on dit qu'il donne des frissons...

La musique persane (de l'Iran) est avant tout une musique expressive. Elle exprime la joie, l'amour, les souffrances... Ces émotions se transmettent aisément par le son des **luths** à manche long, comme le **târ**, reconnaissable à son corps en forme de 8.

târ

Les musiques de l'Extrême-Orient

Ces musiques se caractérisent par leur ancienneté, leur richesse et leurs instruments parfois imposants, comme le gong.

Le **gong** se compose d'un disque en bronze que l'on frappe à l'aide d'un bâton. Cet instrument à percussion produit un son puissant, qui retentit comme un coup de tonnerre dans les spectacles asiatiques.

L'**opéra chinois** est un spectacle flamboyant qui réunit musique, chant, danse, acrobaties, costumes colorés et maquillages expressifs. Il existe en Chine depuis plusieurs siècles.

Le **théâtre wayang** est un spectacle de marionnettes très populaire en Indonésie. Celles-ci sont manipulées derrière un drap et devant une lampe pour que le public puisse admirer leurs ombres. Un orchestre de percussions, appelé « **gamelan** », accompagne ce théâtre d'ombres.

LES COMÉDIES MUSICALES DE BOLLYWOOD

L'une des plus importantes industries du cinéma dans le monde se situe en Inde, à Bombay. On l'appelle « Bollywood » pour faire un clin d'œil à Hollywood. Il y est tourné un nombre impressionnant de films qui regorgent de musique, de danse et d'habits somptueux, aux couleurs vives. Dans les salles de cinéma indiennes, les adeptes de ces comédies musicales chantent et dansent au rythme de leurs acteurs et actrices préférés !

Les musiques d'Océanie

Dans ces îles du monde situées dans l'immense océan Pacifique, on fabrique traditionnellement les instruments avec des éléments de la nature comme le bambou, le bois creux, les coquillages, les feuilles sèches et les fruits à coque (comme la noix de coco).

Dans les îles de l'océan Pacifique, certains gros coquillages font de magnifiques trompettes.

Un des instruments à vent les plus connus d'Australie est le **didjeridoo**. Les aborigènes le fabriquent depuis plusieurs siècles à partir de bois d'eucalyptus creusé par des termites. Lorsqu'un musicien souffle dans ce long cylindre de bois, il produit un son grave et envoûtant.

Les Maoris de Nouvelle-Zélande sont connus pour leurs chants de guerre, nommés « **haka** ». Ces chants dansés sont impressionnants, car ils sont accompagnés de tout un **rituel** : les Maoris tapent leurs pieds par terre, se frappent sur la poitrine, tirent la langue, roulent des yeux… L'objectif ? Faire peur à l'adversaire et se donner du courage avant un combat.

Le haka est aujourd'hui encore interprété avant les matchs de rugby.

Les musiques des Amériques

Les musiques du continent américain sont issues de trois groupes de populations : les **autochtones** d'Amérique, les **colons** venus d'Europe et les **esclaves** originaires d'Afrique. Les peuples d'Europe et d'Afrique ont emporté avec eux leurs traditions musicales. Puis, de nouveaux styles musicaux sont nés du contact entre les diverses populations d'Amérique. Ce mélange des cultures est à l'origine d'une grande variété de musiques !

La musique traditionnelle des autochtones d'Amérique du Nord est souvent chantée et parfois rythmée par des tambours. Elle parle d'amour et de nature. Cette musique **spirituelle** est encore très présente lors des **pow-wow**, de grands rassemblements autochtones.

La **flûte siku** (aussi appelée «flûte de Pan») est un instrument très ancien joué par les peuples autochtones de la cordillère des Andes, en Amérique du Sud. On dit que les bergères descendaient autrefois les montagnes en jouant de cette flûte à multiples tuyaux, ce qui attirait leur troupeau.

Dans le Grand Nord, les Inuites pratiquent le **chant de gorge**. Ce chant est en fait un jeu où deux femmes se tiennent face à face et chantent en réalisant deux **rythmes** différents avec leur bouche et leur gorge. La première qui rit, qui s'arrête ou qui vient à bout de souffle a perdu !

Coiffés de leurs grands chapeaux ronds et munis de leurs guitares, trompettes et autres instruments de musique, les **mariachis** représentent l'âme de la musique mexicaine. Ils sont présents à chaque occasion pour jouer des airs joyeux : dans la rue ou les restaurants ou encore pendant les fêtes, les anniversaires et les mariages. Ils contribuent grandement à l'esprit de fête !

Le tapement des pieds est un élément distinctif de la musique traditionnelle québécoise, au Canada.

À la fois danse et musique, la **samba** est souvent rythmée par des instruments à percussion aux battements endiablés. Ce genre très énergique et haut en couleur a été inventé par les Brésiliens d'origine africaine. Aujourd'hui, la samba a conquis tout le Brésil et accompagne les festivités du fameux Carnaval de Rio.

DU CHANT DE TRAVAIL AU BLUES

Les **chants de travail** afro-américains tirent leur origine des chants qu'interprétaient les esclaves pendant leur dur travail dans les champs. Le principe était le suivant : un des travailleurs lançait un appel en chantant, le reste du groupe répondait ensuite d'une seule et même voix. Cette musique était une façon de communiquer pour les travailleurs, qui ne parlaient pas tous la même langue. Les chants de travail ont donné naissance à d'autres genres musicaux, tels que le gospel et le blues.

Les musiques d'Europe

Dans l'Europe du Moyen Âge, des musiciens ambulants jouaient sur les places des villages pour amuser et faire danser les habitants. Ils composaient des chansons au son de la **lyre**, de la flûte ou du **luth**. Cet art est à l'origine de bien des musiques traditionnelles européennes.

Dans le sud de la France, les poètes et musiciens qui se déplaçaient de village en village étaient appelés « **troubadours** ».

Pratiqué d'abord par les communautés tsiganes du sud de l'Espagne, le **flamenco** est devenu la musique espagnole par excellence. Accompagnés par des guitares et des chants, les danseurs et danseuses rythment la **mélodie** en frappant des mains et des pieds ou en jouant des castagnettes.

Originaires de l'Inde, les **Tsiganes** (ou Roms) ont voyagé jusqu'en Europe, où ce peuple vit aujourd'hui, dispersé dans plusieurs pays. Leurs chants et leurs musiques créatives ont influencé plusieurs genres musicaux.

AVOIR LA PIQÛRE DE LA DANSE

La **tarentelle** est une danse du sud de l'Italie. On raconte qu'elle était à l'origine un **rituel** de guérison. La croyance voulait qu'une personne qui se faisait mordre par une araignée venimeuse, comme la tarentule, devait danser très vite pour évacuer le venin. Aujourd'hui, cette danse est encore pratiquée, mais pour le plaisir, au **rythme** trépidant d'instruments comme le tambourin, la guitare et l'accordéon.

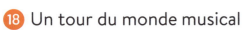

La musique classique

Un peu d'histoire

Au Moyen Âge, il n'y avait pas que les rois qui étaient puissants en Europe. Les gens de l'Église aussi. La religion chrétienne était si importante qu'elle influençait tout, jusqu'aux arts et à la musique. Dans les églises, on chantait en chœur des prières, appelées « **chants grégoriens** » (du nom du **pape** Grégoire 1er). Les moines, qui étaient souvent les seuls à savoir lire et écrire, composaient les chants grégoriens sur des parchemins. C'est dans ces chants sacrés que la musique classique trouve ses origines.

Les partitions

Pendant longtemps, la musique s'est transmise de bouche à oreille. Petit à petit, les religieux ont créé un **code musical** pour conserver une trace écrite de leurs chants sacrés. C'est la naissance des **partitions**.

Les premiers signes avec lesquels on notait la musique au Moyen Âge sont appelés « **neumes** ». Ils sont apparus en France autour de l'an 800, lors du règne de l'empereur Charlemagne.

Les neumes étaient des carrés ou des losanges, contrairement aux signes arrondis que nous connaissons aujourd'hui.

L'évolution de la musique classique

Avec le temps, la musique s'éloigne de l'Église. Les compositeurs veulent parler d'autres sujets que la religion, comme l'amour, la passion et la révolte. Les instruments de musique évoluent aussi. Aux 17e et 18e siècles (de 1600 à 1799), les familles d'instruments se perfectionnent. Les **orchestres symphoniques** apparaissent, d'abord en Italie, puis dans le reste de l'Europe.

Au début des années 1700, l'Italien Bartolomeo Cristofori construit le premier **piano**. Cet instrument est d'abord connu sous le nom de « pianoforte », puisque l'on peut y jouer de la musique doucement (*piano*, en italien) ou fort (*forte*) selon la force appliquée sur les touches.

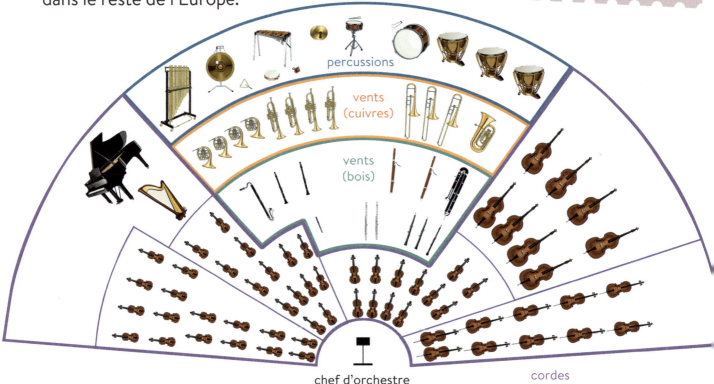

percussions

vents (cuivres)

vents (bois)

chef d'orchestre

cordes

L'orchestre symphonique est un grand ensemble musical qui se compose d'instruments à cordes, à vent et à percussion. Les cordes sont placées à l'avant de la scène. Puis, on trouve les instruments à vent. Au fond se trouvent les percussions. Les musiciens sont disposés en éventail devant le **chef d'orchestre** qui les dirige.

Les grands compositeurs

Au fil des siècles, des compositeurs ont, chacun à leur façon, révolutionné la musique. Leur influence a été si marquante que les œuvres qu'ils ont créées sont restées vivantes bien après leur mort. Elles résonnent aujourd'hui dans les salles de concert, les haut-parleurs et les casques d'écoute du monde entier. Voici quelques compositeurs, parmi les plus célèbres.

L'Italien **Claudio Monteverdi** (1567-1643) est considéré comme le père de l'opéra, un type d'œuvre qui réunit théâtre, poésie, musique et chant. Monteverdi devient très populaire en Italie à partir de 1607, année où il présente le premier opéra, intitulé *L'Orfeo*. Puis, ce nouveau genre musical va rapidement conquérir le reste de l'Europe.

Particulièrement doué pour le violon, **Antonio Vivaldi** (1678-1741) était originaire de Venise, en Italie. Il a composé près de 600 **concertos** et 40 opéras ! Vivaldi s'inspirait de la nature pour créer ses œuvres. Dans l'une d'elles, *Les Quatre Saisons*, on peut entendre plusieurs oiseaux, l'aboiement d'un chien et même un orage, tous reproduits avec des instruments d'orchestre !

Originaire d'Allemagne, **Johann Sebastian Bach** (1685-1750) était un virtuose de l'**orgue**. Alors que pendant longtemps les instruments ne servaient qu'à accompagner les chants, Bach est l'un des premiers, avec Vivaldi, à composer des concertos, où il met en valeur chaque instrument de musique. Ce compositeur de génie a créé plus de 1 000 œuvres !

Natif d'Autriche, **Wolfgang Amadeus Mozart** (1756-1791) a composé ses premières œuvres musicales à l'âge six ans ! Enfant, il était déjà une vedette, donnant des concerts de piano à travers toute l'Europe. À l'âge de 11 ans, cet enfant prodige composait son premier opéra ! On dit que Mozart avait l'**oreille absolue**, c'est-à-dire qu'il pouvait reconnaître, à la simple écoute d'un son, l'exacte note correspondante. Ce compositeur archi-célèbre est pourtant mort dans la pauvreté, à l'âge de seulement 35 ans.

L'Allemand **Ludwig van Beethoven** (1770-1827) était un compositeur et un pianiste exceptionnel. Même si des problèmes d'audition ont commencé à l'affecter dès l'âge de 28 ans, cela ne l'a jamais empêché de créer. Ce virtuose a composé la *Neuvième Symphonie*, considérée comme l'un des plus grands chefs-d'œuvre de tous les temps, alors qu'il était devenu complètement sourd !

Originaire de Russie, **Piotr Ilitch Tchaïkovski** (1840-1893) a composé de grandes œuvres « romantiques », un style musical débordant d'émotions et très populaire à son époque. Aujourd'hui encore, ses ballets, comme *Le Lac des cygnes* et *Casse-Noisette*, sont connus dans le monde entier.

La musique se transforme

Au 20ᵉ siècle (de 1900 à 1999), le monde bouge et évolue rapidement grâce aux progrès technologiques. Les populations voyagent à travers la planète et le mélange des cultures permet d'explorer de nouveaux horizons. Inspirés par cette diversité culturelle et l'arrivée de technologies modernes, les musiciens et musiciennes créent de nouveaux genres et réinventent la musique.

Une invention en particulier va révolutionner le monde de la musique : l'**électricité**. Elle permettra la création de nouveaux instruments, comme la guitare électrique, et de nouveaux outils comme le micro et le haut-parleur.

phonographe

LES PREMIERS ENREGISTREMENTS

En 1877, l'inventeur américain Thomas Edison parvient à enregistrer sa propre voix et à l'écouter peu après, en utilisant une machine appelée « **phonographe** ». Les sons captés par le cornet de l'appareil font vibrer une aiguille. Celle-ci trace un sillon sur un cylindre qui tourne. Il suffit de replacer l'aiguille au début du sillon pour que les sons enregistrés ressortent par le cornet ! Pour la première fois, il est possible d'enregistrer et de reproduire de la musique. Dix ans plus tard, le **gramophone** permettra d'écouter de la musique grâce à des disques plats, gravés et reproduits en grand nombre.

gramophone

Nouveaux genres

Du blues au jazz

La musique produite par le peuple noir américain est intimement liée à son histoire. Les chants de travail dans les plantations de coton expriment les pénibles conditions de travail des esclaves. Inspirés de ces chants, des genres musicaux voient le jour tel que le **blues**, où le chanteur exprime sa tristesse. Plus tard apparaît le **jazz**, une musique plus rythmée qui révèle un air de liberté et la grande créativité des Afro-Américains.

Louis Armstrong (1901-1971) est un célèbre musicien de jazz. On dit que lors d'un enregistrement en 1926, ce trompettiste génial a perdu les paroles d'une chanson. Armstrong improvise alors en ne chantant que des syllabes : « Dip Dop Doo ». Un grand succès !

Le jazz naît vers 1900 à La Nouvelle-Orléans, dans le sud des États-Unis. Il est issu d'un mélange entre musiques africaines, blues, musique classique et airs de fanfares. Les musiciens et musiciennes de jazz sont des as de l'**improvisation** : ils s'expriment librement à travers leur musique, ce qui plaît beaucoup au public.

Surnommée « la reine du jazz », **Ella Fitzgerald** (1917-1996) est la chanteuse de jazz par excellence. Bien qu'elle ait subi des discriminations en raison de la couleur de sa peau, sa voix unique, d'une incroyable agilité, lui a attiré des admirateurs de toutes origines.

Les origines du reggae

Comme les Afro-Américains, les populations noires des Antilles ont soif de liberté et de justice. Dans les années 1930 se développe en Jamaïque un mouvement appelé « rastafari ». Il vise à faire briller la culture africaine et à redonner fierté aux Noirs victimes d'injustices. Le **reggae** est une musique inspirée de ce mouvement. On le reconnaît au son de la guitare basse et des percussions, qui donnent envie de danser. Dans les années 1970, le Jamaïcain **Bob Marley** fait connaître ce style de musique à travers la planète. Ses paroles dénoncent le racisme et l'esclavagisme dont son peuple a été victime.

Bob Marley (1945-1981)

Inspiré comme le blues des chants de travail, le **gospel** est un genre musical plein d'entrain qui anime les cérémonies religieuses dans les églises afro-américaines. Les chants gospel sont si dynamiques qu'ils incitent à taper des mains à cœur joie !

FAIRE DE LA MUSIQUE… EN RECYCLANT !

Il fallait y penser : recycler des contenants en métal, comme de vieux bidons de pétrole, pour créer des percussions rythmées et mélodiques ! Les ***steel drums*** (tambours d'acier) sont des instruments de musique originaires de Trinité-et-Tobago, dans les Antilles. Les communautés pauvres de ces îles ont commencé à les fabriquer dans les années 1940 pour jouer de la musique.

La fièvre du rock'n'roll

Avec les sons modernes de la batterie et des guitares électriques, un nouveau style fait fureur dans les années 1950 chez les jeunes : le **rock'n'roll**. Cette musique au rythme rapide, inspirée de la musique afro-américaine, est à l'image des adolescents : énergique !

Dans les années 1950, un jeune camionneur de Memphis nommé **Elvis Presley** (1935-1977) devient l'une des figures les plus importantes de l'histoire du rock'n'roll. Surnommé « Le King » en raison de son immense succès international, cet Américain est réputé à ses débuts pour être un « Blanc qui chante comme un Noir ». Sa voix, son énergie, sa façon de bouger et son sourire charment toute une génération.

LE PHÉNOMÈNE DES BEATLES

Jamais un groupe de musique n'a autant marqué l'histoire du rock. Les quatre musiciens britanniques qui forment les **Beatles** dans les années 1960 ont su conquérir le monde par leur musique audacieuse, leur humour et leur coupe de cheveux originale. Aujourd'hui encore, les Beatles n'ont pas perdu de leur popularité et continuent d'inspirer les créateurs de musique !

Les Beatles : John Lennon, Paul McCartney, George Harrison et Ringo Starr.

Comme un ver d'oreille...

La **musique pop** est devenue à la mode avec l'arrivée des Beatles. On la reconnaît à ses chansons faciles à mémoriser. Ainsi, leur refrain reste en tête, comme un **ver d'oreille**. La musique pop est une musique accessible et entraînante, très appréciée des jeunes comme des moins jeunes.

L'arrivée des vidéoclips

Dans les années 1980, les spectacles se déplacent à la maison grâce à la télévision. Les **vidéoclips** contribuent beaucoup au succès de la musique pop. Ils révèlent des stars, comme Madonna. Après un déclin au tournant des années 2000, les vidéoclips connaissent aujourd'hui un nouveau souffle, grâce à Internet et aux plateformes de vidéos en ligne.

La **batterie** est l'un des instruments qui représentent le mieux les musiques du 20e siècle. Difficile d'imaginer un groupe de jazz, de rock ou de pop sans batterie ! Cet instrument réunit à lui seul plusieurs percussions originaires du monde entier.

La chanteuse américaine **Madonna** réinvente continuellement son image et sa musique depuis le début des années 1980. Elle est mondialement reconnue pour ses vidéoclips innovants et parfois choquants qui ont servi de modèle à nombre de jeunes artistes actuels.

La naissance du rap

Influencé par le blues, le jazz et le reggae, le **rap** est né au début des années 1970 aux États-Unis, dans les quartiers de New York majoritairement habités par des Afro-Américains. C'est une musique énergique où le chanteur parle en rimes des difficultés qu'il doit affronter, comme le racisme, la pauvreté ou la violence… avec parfois beaucoup de gros mots! Au début, les rappeurs étaient principalement des hommes. Aujourd'hui, le rap est interprété aussi bien par les hommes que par les femmes, dans toutes les langues.

Le groove de la musique électro

Née du développement des nouvelles technologies et d'une envie folle de danser, la **musique électro** devient populaire à partir des années 1980. Les instruments de musique traditionnels sont remplacés par des **ordinateurs** qui créent et transforment les sons. Résultat? Le «groove», ou une musique entraînante qui donne envie de bouger.

Les Japonais sont considérés comme des **pionniers** dans le domaine de la musique électronique. Déjà dans les années 1950 et 1960, ils jouaient de la musique avec des instruments électroniques et des ordinateurs!

Et aujourd'hui ?

La musique en provenance du monde entier est maintenant disponible partout et instantanément grâce à **Internet**. Plus besoin de voyager à l'autre bout de la planète ! Un seul clic de souris suffit pour découvrir d'autres instruments et d'autres genres de musique.

LE PHÉNOMÈNE DE LA K-POP

La **K-pop** (abréviation de « *Korean pop* ») est une variante de la musique pop. Elle est représentée par de jeunes artistes, au look extravagant, qui chantent en coréen. Ce style musical originaire de Corée du Sud est devenu un phénomène mondial, surtout depuis les années 2010.

En attendant de connaître la musique de demain, il faut savoir que, depuis 1977, deux sondes spatiales voyagent dans le cosmos avec, à bord, deux disques nommés « Voyager Golden Record ». Ces disques dorés contiennent des photos, des sons, ainsi que des extraits de musique classique et moderne. Le but ? Communiquer avec d'éventuels extraterrestres... Si on y arrive, on saura alors que la musique est vraiment **universelle** !

Activités

1. Dans toutes les langues

Français	Musique	
Anglais	Music	se prononce « miou-zik »
Espagnol	Música	se prononce « mou-si-ka »
Italien	Musica	se prononce « mou-zi-ka »
Allemand	Musik	se prononce « mou-zik »
Mandarin	音乐	se prononce « iiinn yuè »
Arabe	موسيقى	se prononce « moussi-ka »
Russe	музыка	se prononce « mou-zi-ka »

2. Qui suis-je ?

1. Enfant prodige, j'ai composé mes premières œuvres musicales à l'âge six ans !

2. Je réunis en un seul instrument plusieurs percussions du monde.

3. Je suis un chant rituel destiné à faire peur à l'adversaire avant un affrontement guerrier ou… un match de rugby.

4. D'abord camionneur, je suis devenu « Le King » du rock'n'roll.

5. Je suis une danse dont les origines seraient associées à la morsure d'une araignée…

6. Mes vidéoclips innovants et parfois choquants ont contribué, à partir des années 1980, à mon immense succès international.

7. Vieille de 3 400 ans, je suis la plus ancienne chanson connue.

8. Avec ma voix unique et belle, d'une incroyable agilité, on me considère comme la reine du jazz.

9. Originaire d'Australie, je suis un instrument à vent dont le bois a été creusé par… les termites.

10. J'ai composé l'une des plus grandes œuvres musicales de tous les temps, alors que j'étais sourd !

3. Associe chaque instrument à une région ou à un style

1. Musique africaine   2. Musique des Andes   3. Flamenco   4. Musique classique
5. Musique d'Extrême-Orient   6. Musique aborigène (Australie)   7. Rock
8. Musique persane (Iran)   9. Musique électronique   10. Jazz

a) Didjeridoo

b) Saxophone

c) Synthétiseur

d) Guitare électrique

e) Castagnettes

f) Violon

g) Flûte de Pan

h) Gong

i) Târ

j) Kora

Glossaire

orgue

Archet : Baguette sur laquelle est tendue une mèche en crin de cheval permettant de frotter les cordes d'un instrument.

Concerto : Musique jouée par un ou plusieurs musiciens, appelés «solistes», accompagnés par un orchestre.

Luth : Instrument à cordes dont la caisse est bombée.

Lyre : Instrument à cordes populaire à l'époque des premières civilisations.

Mélodie : Ensemble de sons successifs formant une musique reconnaissable et agréable.

Orgue : Grand instrument à vent constitué de tuyaux, de claviers, de pédales et d'un soufflet qui fournit l'air nécessaire pour produire des sons.

Pape : Chef des chrétiens catholiques.

Partition : Document qui montre, par des signes sur une portée, la notation musicale d'une œuvre.

Rituel : Cérémonie ou actions pratiquées toujours de la même façon en suivant certaines règles.

Rythme : Intensité et vitesse de la musique. Le rythme peut être lent ou rapide.

Ver d'oreille : Air de musique ou chanson qu'on retient facilement et qui nous trotte dans la tête.

luth

lyre

Réponses aux activités

Qui suis-je ? : 1 – Wolfgang Amadeus Mozart ; 2 – Batterie ; 3 – Haka ; 4 – Elvis Presley ; 5 – Tarentelle ; 6 – Madonna ; 7 – Hymne à Nikkal ; 8 – Ella Fitzgerald ; 9 – Didjeridoo ; 10 – Ludwig van Beethoven

Instruments : 1 – j ; 2 – g ; 3 – e ; 4 – f ; 5 – h ; 6 – a ; 7 – d ; 8 – i ; 9 – c ; 10 – b